Richard Wagner läßt grüßen

Richard Wagner läßt grüßen

Anekdotisches
vom großen Meister

*Vorgestellt
von Christian Spiel*

Langen Müller

Bildcollage unter Verwendung eines Richard-Wagner-Fotos
(Bilderdienst Süddeutscher Verlag, München)
und der satirischen Zeichnung »Wagalaweia«
aus der »Illustrirten Zeitung«, Leipzig und Berlin,
vom 20.4.1895

Lizenzausgabe für Albert Langen · Georg Müller GmbH,
München · Wien
mit freundlicher Genehmigung des Bechtle Verlages
Schutzumschlaggestaltung: Christel Aumann, München
Satz: Josef Fink GmbH, München
Druck: Jos. C. Huber KG, Diessen
Binden: Thomas Buchbinderei, Augsburg
Printed in Germany 1983
ISBN: 3-7844-2002-8

Inhalt

Vorwort

Die Diskussion um Wagner und sein Werk hält unvermindert an. Dies ist um so erstaunlicher, als es fast so ausgesehen hätte, als würde jene andere »Götterdämmerung« ihn mit in den Orkus reißen. Inzwischen hat sich der Streit – ein veritabler Glaubensstreit – zum Gespräch beruhigt, wozu nicht zuletzt die Wandlung Bayreuths beigetragen hat.
So scheint es an der Zeit, eine Anekdotensammlung vorzulegen, die dem veränderten Wagner-Bild Rechnung trägt, weder glorifiziert noch vom Sockel stoßen will. Wagners Freunde wie Kritiker kommen zu Wort, Vorzüge und Schwächen des großen Komponisten gleichermaßen zur Sprache – sein sacro egoismo (von dem Freund Cornelius schrieb: »...ich fürchte, die Nachwelt nimmt es genauer« und den schon die Zeitgenossen recht genau betrachteten), die Ge-

fährtin Cosima in ihrer kompromißlosen Treue, Wagner im Kreis seiner Freunde, in seiner erfrischenden Selbstironie, jener Wagner, der schließlich die »Meistersinger« geschrieben hat.
Vielleicht muß man den Übereifrigen unter den Wagnerianern vorwerfen, daß sie ihn zu einem Monument jenes Bierernstes stilisiert haben, der dem Bayreuther Meister in Wahrheit wesensfremd war. Nichts sagt dies deutlicher als sein eigenes Bekenntnis: »Ein guter Spaß, der mir unterläuft, ist etwas Herrliches und wichtiger als mancher Ernst.«

Kinderszenen und Lehrjahre

Kein Wunderkind

Wagner war kein Wunderkind, sondern ein richtiger Lausbub. Seine Schwester Cäcilie berichtet, wie der Vierjährige beim Kaufmann seinen Auftrag vergißt, weil er so freigebig mit Rosinen verwöhnt wird.
Gern macht er sich in der Küche zu schaffen. Dabei kommt es zu einer lustigen Episode. Die Mutter brät Koteletts und wird dabei durch einen Besuch gestört. Als sie zurückkommt, sind die leckeren Fleischstücke verschwunden. Es stellt sich heraus, daß er ein Kotelett in der Hosentasche versteckt hat. Wo aber sind die anderen? Die Mama wird energisch, und endlich gesteht der Kleine schluchzend, daß er sie alle angebissen und unter den Herd geworfen habe, weil sie zu heiß waren.

Ziehkind

Nach vielen Jahren sah Wagner 1871 den befreundeten Dresdner Arzt Dr. Pusinelli und dessen Familie wieder. Als eine Tochter des Arztes ihn um einen Gedenkspruch bat, schrieb er ihr zum 22. Mai (seinem Geburtstag) den Vers:

»Ja, ja, es war im Mai,
Da war ich auch dabei.
Man zog mich bei den Ohren,
Drum bin ich
so musikalisch geboren.«

Ahnung

Wagners Stiefvater lag schwerkrank darnieder. Im Nebenzimmer spielte der Siebenjährige den Weberschen »Jungfernkranz«. Ahnungsvoll sagte der Todkranke zu seiner Frau: »Sollte er vielleicht Talent zur Musik haben?«

Personalmangel

In die Kreuzschul-Zeit fallen Wagners erste dramatische Versuche. Besonders hat es

ihm Shakespeare angetan, und so verfertigt er mit Hilfe von »König Lear« und »Hamlet« ein Schauerdrama »Leubald«, von dem er später berichtet: »Der Plan war äußerst großartig; 42 Menschen starben im Verlaufe des Stückes, und ich sah mich bei der Ausführung genötigt, die meisten als Geister wiederkommen zu lassen, weil mir sonst in den letzten Akten die Personen ausgegangen wären.«
Einer Freundin, die sich nach dem Fortgang des Dichtwerks erkundigte, teilte der angehende Dramatiker stolz mit: »Nun, bis auf einen hab ich sie alle tot!«

Dionys in Prag

Im Sommer 1832 trat Wagner mit einem Freund eine Reise an, die ihn über Wien nach Prag führte. Dort wurde er dem Direktor des Konservatoriums vorgestellt, von dem er sich eine Aufführung seiner ersten Symphonie erhoffte.

Der Direktor, Dionys Weber, war ein gestrenger Herr alter Schule, der sogar Beethoven nur bis zur II. Symphonie gelten ließ und Mozart über alles erhob. Zu diesem »Tyrannen Dionys« begab sich nun Wagner zitternd und zagend. Der Schauspieler Moritz, mit dem er sich angefreundet hatte, gab ihm eine rasch improvisierte Parodie der Schillerschen »Bürgschaft« mit auf den Weg:

Zu Dionys, dem Direktor, schlich
Wagner, die Partitur im Gewande;
Ihn schlugen die Schüler in Bande:
»Was wolltest du mit den Noten,
sprich?«
Entgegnet ihm finster der Wüterich:
»Die Stadt vom schlechten
Geschmacke befrein!«
»Das sollst du in den Rezensionen
bereun!«

Verloren! Ach, Verloren!

Wilhelmine Schröder-Devrient trug wie fast niemand zu Wagners ersten Erfolgen bei. 1835 gastierte die berühmte Sopranistin in Dresden und erklärte sich bereit, in einem Konzert Wagners mitzuwirken, um dem jungen Meister auf die Beine zu helfen. Das Publikum aber hielt die Ankündigung, die Schröder-Devrient werde in einem Wirtshaussaal auftreten, für Betrug, und so war der Raum nur dürftig gefüllt. Trotzdem blieb die Primadonna bei guter Laune, unter anderem auch deshalb, weil einer ihrer jugendlichen Verehrer erschienen war. Zu seinem Unglück aber hatte Wagner trotz des überakustischen Saals als Schlußstück Beethovens »Schlacht bei Vittoria« gewählt, die er mit allem erdenklichen Aufwand ausführte. Trommeln und Signalhörner waren verdreifacht, eigens konstruierte kostspielige Maschinen täuschten Gewehr- und Geschützfeuer vor.

Das Orchester, zahlreicher als das Publikum, begann nun ein derart entfesseltes Schlachtengetöse, daß dieses schließlich die Flucht ergriff. Die Schröder-Devrient harrte tapfer aus. Als aber bei einem neuen verzweifelten Angriff der Engländer auf die französischen Linien der Lärm auch ihr zuviel wurde, stürzte sie mit den traurigen Resten der Zuhörerschaft zum Saal hinaus. Wagner blieb mit seinen Mannen allein. Er beschließt seine Schilderung: »Die Feier des Sieges Wellingtons ward schließlich zu einem traurigen Erguß zwischen mir und dem Orchester allein.«

Der Hausfreund

Wagners Ehe mit Minna Planer, seiner ersten Frau, stand unter keinem glücklichen Stern. Schon die Hochzeit verärgerte Wagner. Das Theater, an dem er als Kapellmeister engagiert war, griff den Brautleuten mit einer Benefizvorstellung unter die Arme,

trotzdem war die materielle Lage trostlos. Als beim Bestellen des Aufgebots der Pfarrer sie ungebührlich lange warten ließ, gerieten sich die Liebesleute in die Haare, und es kam, wie Wagner schreibt, »zu den gehässigsten Äußerungen«.
Die Trauung fand vor einer burlesken Versammlung von Bühnenangehörigen statt. Der Pfarrer verbreitete sich ausführlich über die leidensvollen Zeiten, die den beiden bevorstünden. Schließlich kam er auf einen geheimnisvollen Freund zu sprechen, der ihnen gewiß beistehen werde. Wagner, der sich der Treue seiner Minna nicht so sicher war, horchte auf. Mißtrauisch blickte er den Prediger an, der nun verkündete, wer dieser bewußte Freund sei – nämlich Jesus!

Lombarden und seltsame Berge

In Paris ließ der Erfolg auf sich warten. Schon bald stellten sich die obligaten Geldsorgen ein. Zuerst genierte Wagner sich noch, nach dem Leihhaus zu fragen. So zog er denn das Wörterbuch zu Rate, worin er für die bewußte Lokalität nur das Wort »Lombard« fand. Auf einem Stadtplan entdeckte der Geldbedürftige schließlich ein Gäßchen mit dem Namen »rue des Lombards«. Arglos machte er sich auf den Weg, entdeckte aber dort kein Leihhaus. Groß war sein Staunen, als er herausfand, daß die Leihanstalten den wohlklingenden Namen »Mont de piété« trugen. Und zu solch einem Berg der Frömmigkeit wanderten nun Hochzeitsgeschenke, Silberzeug und zuletzt auch Minnas Bühnengarderobe, welche die Gute in der stillen Hoffnung auf eine Pariser Karriere vorsorglich eingepackt hatte.

Wahnsinnsszene

In Paris als Komponist ohne jeden Erfolg, sah Wagner sich schließlich genötigt, sein Leben mit dem Arrangieren von – ihm

höchst mißliebigen – Opern Donizettis zu fristen. Diese Plackerei wurde ihm noch weiter erschwert. Nebenan wohnte ein Pianist, der fast den ganzen Tag ausgerechnet Liszts Fantasie über »Lucia di Lammermoor« übte. Donizetti hier und Donizetti da. Wagner war der Verzweiflung nahe.
In seiner Not rückte er eines Tages sein entsetzlich verstimmtes Klavier an die Wand, forderte einen Freund auf, seine Pikkoloflöte zu holen, und nun stimmten die beiden die soeben von Wagner arrangierte Ouverture zur »Favoritin« an. Der Erfolg war umwerfend. Schon am nächsten Tag erfuhr Wagner von der Concierge, daß der Klavierlehrer nebenan mit dem Umzug beschäftigt sei.

Der vergebliche Reaktionär

Als die wirtschaftliche Lage in Paris immer unhaltbarer wurde, beschloß Wagner, aufs Land zu ziehen. In Meudon entdeckte er ein verfallenes Haus, das ihm gerade recht schien. Der Besitzer, ein steinalter Mann, war lange am Versailler Hof gewesen und Legitimist. Eilfertig gab sich Wagner, der unbedingt einziehen wollte, ebenfalls als Legitimist aus. Bald flog der Schwindel auf. Als der Hausbesitzer erzählte, er erinnere sich noch deutlich an das Leichenbegängnis der Gemahlin Ludwigs XV., fragte Wagner unschuldig, ob er – die Pompadour oder Madame Dubarry meine.

Kgl. Kapell-
meister steckbrieflich
gesucht

Kurzsichtigkeit

Als Hofkapellmeister in Dresden bewog Wagner die Intendanz, den gefeierten Opernkomponisten Spontini einzuladen. Spontini gab dem jungen Kapellmeister wertvolle – und amüsante – Ratschläge. Er dirigierte, so berichtet Wagner, das Orchester nur mit dem Blick seines Auges. Spontini vertraute ihm an: »Mein linkes Auge ist erste Violine, mein rechtes zweite Violine. (Das übrige Orchester schien für ihn nicht zu existieren.) Um mit dem Blick zu wirken, muß man daher keine Brille tragen, wie schlechte Dirigenten es tun, selbst wenn man kurzsichtig ist. Ich sehe nicht einen Schritt weit.«

Zuviel Moll

März 1848. In allen deutschen Staaten gärt es. Auch auf Sachsen greift die Unruhe über. Es sind schwere Tage für den König,

der sich der revolutionären Flut entgegenzustemmen versucht.
Wagner hat für ein Konzert, dem die königliche Familie beiwohnen soll, Mendelssohns Symphonie in a-Moll angesetzt. Darauf soll Beethovens »Fünfte« folgen, ebenfalls in Moll. Wagner wird bedenklich. Ist das, angesichts der Stimmung am Hof, nicht zuviel Moll? Besorgt äußert er sich gegenüber dem Konzertmeister Lipinski. Lipinski aber kennt Wagners Abneigung gegen Mendelssohn genau. Frivol antwortet er: »O lassen Sie uns nur die ersten zwei Takte der c-Moll-Symphonie (Beethovens ›Fünfte‹) gespielt haben, dann weiß niemand mehr etwas davon, ob wir Mendelssohn in Dur oder Moll gespielt haben.«

Preußische Hilfe

Im Revolutionsjahr 1848 kam es zu einer Krise zwischen dem Dresdner Intendanten, Herrn v. Lüttichau, und Wagner. Dieser war

um eine Gehaltsaufbesserung eingekommen, die man ihm zwar gewährte, nicht aber ohne mit kränkenden Worten an seine horrende Verschuldung zu erinnern. Wagner war so gedemütigt, daß er sich nicht imstande fühlte, die 300 Taler Gehaltserhöhung abzuholen.
Kurz danach besuchte der preußische König Dresden. Auf seinen besonderen Wunsch setzte man eine »Tannhäuser«-Aufführung an. Wagner war erstaunt, denn den Berliner »Rienzi«-Aufführungen war Friedrich Wilhelm IV. ferngeblieben. Der Monarch, so wurde Wagner berichtet, habe den »Rienzi« nicht sehen wollen, weil er wisse, daß er an seinem Theater »nur schlecht gegeben werden könne«.
Diese Kunde half dem Selbstvertrauen des Meisters wieder auf. Im Handumdrehen wurde er wieder der alte, schritt zur Kasse und nahm nun doch die 300 Taler in Empfang.

Wagner als Faust

Am 14. Juni 1848 hielt Wagner seine berühmte Rede im Vaterlandsverein. Allen Ernstes machte er den Vorschlag, der König möge selbst den Freistaat ausrufen. Und großzügig-absurd versicherte er, dann werde ihm die Exekutive ungeschmälert erhalten bleiben.

Doch dabei blieb es nicht. Wagner forderte noch anderes, darunter auch Kolonien für Deutschland. »Wir wollen«, verkündete er, »es besser machen als die Spanier, denen die Neue Welt ein Schlächterhaus, anders als die Engländer, denen sie ein Krämerkasten wurde.«

Dieses Potpourri machte den kgl. Kapellmeister verständlicherweise bei Hof und Adel unmöglich. Auch die Zeitungen waren erbost oder spöttisch. Sie schrieben von »Dr. Richard Faust«. Aus jener Zeit stammt auch der Vers:

»Die Neunte Symphonie,
was wär sie ohne ihn,
Was ohne ihn die Zeit, der Thron,
das Haus Wettin?
Steht er nicht größer da
als Lamartine?
O lasset in Triumph uns
seinen Wagen ziehn
Und vor dem größten Geist
der Mit- und Nachwelt knien!«

Zwei Retter Beethovens

A propos Beethovens »Neunte«. Gegen viele Widerstände setzte Wagner in Dresden die Aufführung der Symphonie durch. Der Erfolg war gewaltig. Mitten in den Revolutionswirren des Jahres 1849 wiederholte er die Aufführung. An der Generalprobe hatte auch Bakunin, der große Anarchist, teilgenommen, ohne daß die Polizei davon Wind bekam. Bakunin ließ in seiner Begeisterung alle Vorsicht außer acht. Nach dem

Ende der Probe ging er nach vorne und rief Wagner laut zu, wenn bei dem Weltenbrand, den er kommen sah, alle Musik verlorenginge, so wollten sie sich verbünden, unter Einsatz ihres Lebens »diese Symphonie zu retten«.

Als wenige Wochen danach in Dresden Straßenkämpfe ausbrachen, in denen die Aufständischen schließlich erlagen, war Bakunin einer der Eifrigsten. Wagner nannte ihn den »Oberfeuerwerker«. Beethovens Symphonie wurde übrigens gerettet, die anderen Meisterwerke der Musik auch.

Dresdner Götterfunke

Offenbar hatte Wagners Aufführung der »Neunten« die Revolution in Dresden befruchtet. Als er versuchte, zum Rathaus vorzudringen, um sich über den Stand der Straßenkämpfe zu informieren, und eben über eine Barrikade bei der Annenkirche kletterte, erkannte ihn ein Angehöriger der

Kommunalgarde. Der Gardist rief ihm zu. »Herr Kapellmeister, der Freude schöner Götterfunke hat gezündet. Das morsche Gebäude ist in Grund und Boden verbrannt.«

Agitation und Abschied

Bakunin sagte später vor Gericht, er habe »Wagner sofort als Phantasten erkannt«. An diesem harten Urteil war wohl etwas Wahres, wie ein Vorfall gegen Ende des Dresdner Aufstandes zeigt, den der Buchdrucker Roempler berichtet. Als das Herannahen der preußischen Truppen bekannt wurde, kam Wagner zu Roempler und bestellte einige Hundert Papierstreifen mit dem Aufdruck »Seid ihr mit uns gegen fremde Truppen?« Mit diesem Druckstreifen bewaffnet, kletterte der Hofkapellmeister über die Barrikaden – um sie an die Belagerer zu verteilen, sächsische Truppen, die der Krone treu geblieben waren. Verblüfft von so viel Wagemut, schoß keiner der Soldaten auf ihn, und Wagner verteilte seelenruhig sein Agitationsmaterial. Kurz danach trafen die preußischen Truppen ein, der Aufstand brach zusammen, und Wagner war wieder auf der Flucht, dies eine Mal, oder nicht nur, vor seinen Gläubigern.

In fernem Land

Eingeschlagene Türen

Mit brennendem Interesse verfolgte Wagner im Exil die Vorgänge jenseits des Rheins, wo die revolutionären Bewegungen Zug um Zug erstickt wurden. Auch die persönlichen Nachrichten für ihn waren wenig ermutigend. Aus Weimar, wo Liszt wirkte, schrieben ihm Freunde, es sei gegenwärtig nichts für ihn zu tun, weder in Dresden noch in Weimar. Man könne »an eingeschlagene Türen füglich nicht gut anklopfen«.

Verschlossene Türen

Länger als zehn Jahre mußte Wagner in der Emigration leben. Über seinen ehemaligen Brotherrn, den König von Sachsen, äußerte er sarkastisch: »Meinem Landesvater habe ich nichts zu sagen; wenn er sich unterstehen sollte, mich in meinem Schwalbenneste zu besuchen, würde ich ihm die Türe weisen.«

Der König unterstand sich nicht.

Gesangvereinsmitglied Wagner

Öffentliche Ehrungen belustigten Wagner oft. In Zürich ernannten ihn zwei Gesangsvereine zum Ehrenmitglied. Anschließend brachte man ihm einen Fackelzug und eine musikalische Ehrung dar. Als der Geehrte bemerkte, daß man für diese Huldigung vor seinem Quartier am Zeltweg eine Estrade aufbaute, meinte er ironisch: »Ich glaubte zuerst, mir würde ein Schafott errichtet.«

Da zu dir der Heiland kam …

Für Mendelssohn hatte Wagner nichts übrig als beißenden Spott. Aus England schrieb er an Otto Wesendonck: »Die eigentliche Wonne der Engländer ist das Oratorium: da wird ihre Musik der Interpret ihrer Religion – passez-moi le mot! – Vier Stunden sitzen sie in der Exeter-Hall und hören eine Fuge nach der anderen an, in sicherer Überzeugung, nun ein gutes Werk verrichtet zu haben, wofür sie einst im Himmel nichts wie die schönsten italienischen Opernarien zu hören bekommen werden. Diesen tiefbrünstigen Drang des englischen Publikums hat Mendelssohn gut verstanden und ihm Oratorien komponiert und dirigiert, wofür er denn auch der eigentliche Heiland der englischen Musikwelt geworden ist.«

Pariser Zensuren

1861 nahm die Große Oper in Paris den »Tannhäuser« an. Dieses Kunststück gelang der Fürstin Metternich, Frau des österreichischen Botschafters. Wagners Förderin hatte sich vor Napoleon III. derart begeistert über die Dresdner »Tannhäuser«-Aufführung geäußert, daß der Kaiser ihr galant versprach, das Werk an seiner Oper einstudieren zu lassen.
Die Widerstände am Hof und Theater aber waren stark. Schließlich wurde Wagner

zum Grafen Bacciochi, Oberstkämmerer des Kaisers, gebeten. Als Wagner ihm das Sujet seiner Oper erläuterte, rief der Graf, der schlimme Befürchtungen gehegt hatte, erleichtert: »Ach, der Papst wird nicht auf der Bühne erscheinen? Das ist gut! Man hat uns nämlich gesagt, Sie würden den Heiligen Vater auftreten lassen, und das, Sie verstehen, ginge natürlich nicht. Im übrigen, Monsieur«, setzte er geschmeidig hinzu, »weiß man heute, daß Sie enormes Genie besitzen.«

Persona non grata I

An der Wiener Hofoper war man erzkonservativ. Ein politisch Verfemter, der »rote« Wagner, hatte natürlich – zunächst – keinen Zutritt zu diesen heiligen Hallen. Trotzdem wurde auch in der Donaustadt die Neugier auf Wagner immer stärker. Schließlich entschloß sich der Direktor des Josefstädter Theaters, in einem von ihm erbauten Sommertheater in Lerchenfeld den »Tannhäuser« mit einer improvisierten Truppe zu wagen.

Am Ring aber lehnte man Wagner nach wie vor ab. Man versicherte ihm, solange es einen kaiserlichen Hof gebe, bestehe keine Aussicht, daß seine »hochverräterischen Opern« jemals an der Hofoper aufgeführt würden.

Persona non grata II

Um die Jahreswende 1862/63 war Wagner in Wien. Er gewann zwar zahlreiche Gönner im Adel und beim diplomatischen Korps, auch finanzielle Unterstützung, wobei sich vor allem die Frauen sehr fürsorglich zeigten. Aber an der entscheidenden Stelle, in der Hofburg, blieb das Echo schwach. Kaiserin Elisabeth wohnte einem Konzert bei, doch der Durchbruch am Hof gelang nicht. Wagner schrieb dies vor allem dem neuen sächsischen Gesandten Könneritz zu, der es verstanden habe, die allmächtige Erzherzogin Sophie, Mutter des Kaisers, gegen die Musik des »Revolutionärs« einzunehmen. Der sächsische Gesandte stachelte die konservative alte Dame mit der Greuelnachricht auf, Wagner habe während der Unruhen in Dresden mit eigener Hand das Schloß des Königs angezündet.

Bekenntnis

Die Freude am Reisen verließ Wagner zeitlebens nicht. Am meisten konnte er ihr in seinen Exiljahren frönen. Einmal schrieb er scherzhaft: »Die Reisesehnsucht ist in mir so groß, daß sie mir bereits Raub- und Mordgedanken auf Rothschild eingegeben hat.« Und 1852 schrieb er an Liszt, der ihm hundert Taler Tantiemen für den »Holländer« in die Schweiz geschickt hatte: »Die verreise ich jetzt; jeder Tag kostet mich eine Nummer meiner Oper!«

Zu neuen Taten, teurer Helde!

Erheiternd zu lesen sind Wagners Schilderungen, wenn er vor seinen Gläubigern fliehen mußte. Als er sich aus Riga absetzte, beschwerte er sich aus Tierliebe mit einem riesigen Neufundländer. Noch schwieriger war die Situation in Wien, wo er sich 1864 zum Entweichen genötigt sah. Im Vertrauen auf künftige munifizente Einnahmen hatte er sich in Penzing eine Villa höchst pompös einrichten lassen, was seine Gläubiger natürlich ergrimmte. Sie trafen alle Vorbereitungen, um ihn nicht entwischen zu lassen. Schließlich fühlte sich der Meister derart umstellt, daß er keine andere Möglichkeit sah, als dem undankbaren Wien – in Frauenkleidern zu entfliehen.

Ein bißchen Luxus

Im März 1864 fand Wagner in Mariafeld bei Zürich, im gastfreien Haus des Ehepaares

Wille, Zuflucht. Seine finanzielle Lage war völlig zerrüttet, dementsprechend düster seine Stimmung. Im selben Monat hatte Ludwig II., sein »mitleidvoller Schutzengel«, den bayerischen Thron bestiegen. Die Rettung aus der Bedrängnis stand nahe bevor, aber Wagner ahnte noch nichts.
Frau Wille berichtet über einen Verzweiflungsausbruch des Meisters in jenen Tagen. »Ich bin anders organisiert, habe reizbare Nerven. Schönheit, Glanz und Licht muß ich haben. Die Welt ist mir schuldig, was ich brauche! Ist es denn eine unerhörte Forderung, wenn ich meine, das bißchen Luxus, das ich leiden mag, komme zu mir? Ich, der ich der Welt und Tausenden Genuß bereite?«
Das »bißchen Luxus« erwartete ihn in München.

Morgendlich leuchtend – Rienzi, Holländer, Tannhäuser, Lohengrin

Ortsangabe

Während einer »Rienzi«-Probe in Dresden war Wagner mit den Posaunisten unzufrieden. Sie spielten ihm zu laut. Um die Musiker jedoch nicht zu kränken, trug der junge Komponist seine Rüge in humorvoller Form vor. »Meine Herren«, bemerkte er lächelnd, »ich glaube kaum, daß ich mich irre, wenn ich behaupte, daß wir uns in Dresden befinden und nicht vor Jericho stehen.«

Rezept

Nach dem Erfolg des »Rienzi« fragte ein Verehrer den jungen Meister, was denn zu einer erfolgreichen Oper gehöre. Wagners lapidare Auskunft: »Gebet und Trinklied!«

Arugsauge

Am 2. Januar 1843 wurde in Dresden der »Fliegende Holländer« uraufgeführt. Wag-

ner war mit dem Ensemble unzufrieden und setzte all seine Hoffnungen auf die Senta-Darstellerin, die berühmte Schröder-Devrient. Aber auch die Sopranistin war ungehalten; der beleibte, schon ältliche »Holländer« erregte das Mißfallen ihres verwöhnten Kennerauges. Die reife Sängerin hatte nämlich eine Vorliebe für junge, schlanke Männer. Während einer Probe hörte sie plötzlich zu singen auf und raunte Wagner, mit einem scheelen Blick auf ihren betagten Partner, ins Ohr: »Wie kann ich's herausbringen, wenn ich in diese kleinen Rosinenaugen blicke!«
Wagner sah schon ein Fiasko heraufziehen. Da kam ihm ein rettender Einfall. Die Schröder-Devrient war kurz zuvor für einen neuen Jüngling entbrannt, was Wagners scharfem Auge nicht entgangen war. So bewog er also den jungen Amanten, sich im Parkett so aufzustellen, daß die Verliebte ihn sehen mußte. Der lebenskluge Wagner hatte sich nicht verrechnet. Als die Devrient

ihres Idols ansichtig wurde, ließ sie es nicht mehr an der gewünschten Inbrunst fehlen.

Mit Gewitter und Sturm

George Bernard Shaw, der lange Zeit auch Musikkritiker war, erinnerte sich in der Besprechung eines Mottl-Konzerts, wie Wagner seine »Holländer«-Ouverture dirigierte. Bei den getürmten Akkorden vor dem ersten Forte des Orchesters, berichtete Shaw, stampfte Wagner mit dem Fuß auf. Ja, er stieß zwischen den Zähnen Flüche gegen das Orchester aus, weil es die Stelle für seine Ansprüche nicht gewaltig genug herausbrachte.

Rettung

Dem Dresdner Hofmusikalienhändler Meser gebührt das Verdienst, dem »Tannhäuser« zu seinem Titel verholfen zu haben. Dem würdigen Herrn mißfiel der ursprünglich von Wagner gewählte Titel so gründlich, daß er immer wieder in den Komponisten drang, davon abzugehen. Schließlich kam er ans Ziel. Er schilderte Wagner die schamlosen Witze, die in der Stadt die Runde machten, Obszönitäten, die nach Meser nur von den Professoren und Studenten der Medizinischen Klinik ausgehen könnten. Wagner hatte den »Tannhäuser« zuerst »Venusberg« betiteln wollen.

Bayerische Schmankerln

Endlich, 1852, zeigte man in München mehr Interesse an Wagner. Es ging um den »Tannhäuser«. Zwar war die Intendanz noch immer nicht geneigt, die Oper zu spielen, aber immerhin wollte man einen Versuch mit der Ouverture wagen. So dirigierte Franz Lachner das Werk im Allerheiligenkonzert der Staatskapelle. Das »chaotische Getöse« wurde mit Schweigen und Zischen quittiert. Alsbald hatten die Orchestermusiker auch einen Spitznamen für das Stück gefunden. Wegen der charakteristischen Geigenfiguren tauften sie es – »Spanferkelouverture«.

Zweischneidiges Kompliment

Rossini zog sich bekanntlich bald vom Opern-Komponieren zurück und widmete sich nur noch der bonne cuisine. Immerhin besuchte er ab und zu Aufführungen von Opern anderer Komponisten. Als er sich den »Lohengrin« zu Gemüte geführt hatte, soll er auf eine diesbezügliche Frage erwidert haben: »O ja, er hat sehr schöne Momente – aber böse Viertelstunden.«

»Mein Junge« – Ludwig II.

Der Einzige

Kaum hatte Ludwig II. den Thron bestiegen, suchte er Wagner ausfindig zu machen. Täglich soll er persönlich die Fremdenlisten durchgesehen haben. Entdeckte er den Namen Wagner, dann mußte ihm sein Kabinettssekretär zureden, es gebe ja viele Wagner. Mit entwaffnender Logik versetzte der königliche Jüngling: »Aber für mich nur einen: Richard Wagner!«

Trauer

Während der bayerische König fieberhaft nach Wagner suchen ließ, schien diesem die Lage hoffnungsloser denn je. Kurz zuvor hatte er aus Penzing an eine russische Freundin geschrieben: »Ich bin in keiner Katastrophe, sondern in der Entwicklung meines Endes begriffen...«
Statt des Endes kam ein neuer Anfang. Am 3. Mai 1864 gelang es dem Sekretär Ludwigs

II. nach mancherlei Irrfahrten Wagner endlich in Mariafeld aufzuspüren. Er überreichte dem Gehetzten ein Bild des Königs und einen Rubinring. Der Monarch brenne vor Verlangen, den Komponisten des »Lohengrin« kennenzulernen.
Wagner war außer sich vor Glück. Sofort richteten ihm Freunde ein festliches Essen. Während man fröhlich bei Tische saß, traf die telegraphische Nachricht ein, daß Meyerbeer gestorben sei. Ein junger Freund bedauerte den Tod des französischen Opernmeisters, allerdings nur, weil jener nun Wagners märchenhaften Aufstieg nicht mehr miterleben konnte.

Dichtung und Wahrheit

Wagner hatte rasch eine Schwäche Ludwigs II. erkannt: seine Eitelkeit. Als dieser ihm sein Bild in Marschallsuniform senden ließ, antwortete Wagner überschwenglich huldi-

gend. Angeblich hatte er die Wirkung des Bildes und den Eindruck ihrer letzten Zusammenkunft in seinem Tagebuch mit der Eintragung geschildert: »In Feldmarschalluniform – hinreißend!«
Die Wahrheit sah etwas anders aus. Das Tagebuch vermerkt nämlich dürr und sachlich: »König im Schloß. (Marschalluniform).«

Freundesurteil

Ludwig II., wohl der schwärmerischste der Wagnerianer, besaß nach Meinung seines Klavierlehrers Wanner keinerlei musikalisches Talent. Auch Wagner schloß sich diesem Urteil an. Er ließ sich von der Großzügigkeit seines königlichen Freundes den Blick nicht trüben. 1876 – damals genoß er die Huld des Monarchen allerdings längst nicht mehr im früheren Maß – schrieb er trocken an den Sänger Unger: »Der König ist ganz unmusikalisch und nur mit einem poetischen Gemüt begabt.«

Diese Erkenntnis hatte er Ludwig II. allerdings taktvoll verschwiegen.

Bessere Einsicht

Nach einem Vertrag zwischen Ludwig II. und Wagner war 1864 der gesamte »Ring des Nibelungen« in das Eigentum des Königs übergegangen. Als Termin der Fertigstellung nannte der Meister das Jahr 1867. In diesem Jahr waren aber erst »Rheingold« und »Walküre« abgeschlossen. 1869 wollte der geduldige König endlich das »Rheingold« in seinem Theater aufführen lassen. Plötzlich war Wagner das gar nicht recht, und er leistete heftigen Widerstand. Freund Bülow aber zeigte sich einsichtiger. Er schrieb: »König befiehlt, wir haben zu parieren, und das ist schließlich sehr gut – denn ohne Diktatur kommt nichts vorwärts.«

Ende einer Begegnung

Am 13. Februar 1883 starb Wagner in Venedig. Am Abend traf die Depesche mit der Todesnachricht in München ein. Obwohl die persönlichen Beziehungen zwischen Ludwig II. und Wagner sich in den letzten Jahren stark abgekühlt hatten, war der König tief erschüttert.

»Entsetzlich – fürchterlich!« rief er aus. Und schon zeigten sich Symptome seiner zunehmenden Gemütsverwirrung. In drohendem Ton fügte er hinzu: »Die Leiche gehört mir!«

München (wetter-) leuchtete

Tatest du's wirklich?

Als der »Tannhäuser« seine Erfolgsserie über die deutschen Bühnen fortsetzte, entschloß man sich endlich auch in München, die Oper einstudieren zu lassen. Doch in Bayerns Hauptstadt erhob sich allgemeiner Protest, und Wagner mußte noch zwei Jahre warten. Einer seiner Gegner in der Presse erzürnte sich: »Der Orpheus, welcher im Dresdener Mai-Aufstande durch sein Saitenspiel Barrikaden gebaut, ins Zuchthaus gehört er, nicht in das Münchner Opernhaus!«

Staatszerstörer

Schließlich wurde der »Tannhäuser« in München ein großer Erfolg. Schon 1858 folgte der »Lohengrin«. Die Bürokratie aber gab ihre Bedenken nicht auf. Der Schauspieler Devrient überliefert ein Gespräch, das er nach der Vorstellung mit dem bayerischen Minister v. d. Pfordten – den Wagner »Pfo« nannte – führte. Der Minister sah in Wagner noch immer den Umstürzler und meinte, die Überhebung der Persönlichkeit, wie sie in Richard Wagner auftrete, sei »das zerstörende Element unseres heutigen Lebens und Staatswesens, und wenn die Fürsten nur ein wenig so zusammenhielten, wie die Demokraten es tun, so dürfte Wagnerische Musik nirgends aufgeführt werden.«

Tristan und Tristesse

Die »Tristan«-Aufführungen 1865 im Münchner Hoftheater wurden zu einem großen Triumph, der Wagner allerdings durch einen Zwischenfall etwas getrübt wurde. Er war im Vorjahr, als er zu Ludwig II. nach Hohenschwangau fuhr, mit einem Augsburger Bahnhofsvorstand aneinandergeraten. Dieser hatte ihn, weil das Reisegepäck das zulässige Gewicht überschritt, zur Zahlung eines Aufschlags aufgefordert.

Zahlen wollte Wagner nie gern. Im Vollgefühl seiner Münchner Triumphe herrschte er den pflichtgetreuen Beamten an: »Sie dummer Mensch!«
Nun wurde er ausgerechnet in den großen »Tristan«-Tagen zu einer Geldbuße und der Zahlung der Gerichtskosten verurteilt. Es half ihm auch nichts, daß er sich darauf hinausreden wollte, er habe ja eigentlich seinen Diener gemeint. Die gestrenge bayerische Justiz ließ sich nicht erweichen.

Schadenfreuden

Zunächst hatte es für den »Tristan« nicht günstig ausgesehen. Die Aufführungen mußten wiederholt verschoben werden. Schließlich kam noch vor der Uraufführung eine Parodie (»Tristanderl und Süßholde«) im Schweigertheater heraus, die großen Zulauf erhielt.
Als die Aufführungen zum erstenmal verschoben wurden, spottete der »Volksbote«

in Anspielung auf Wagners Wortschöpfung Zukunftsmusik: »Tristan und Isolde sind wirklich Zukunftsmusik geworden.« Am nächsten Tag hieß es: »Tristan und Isolde sind noch zukünftiger geworden.« Abermals wurden die Vorstellungen verschoben, diesmal wegen einer Erkrankung der Isolde-Darstellerin. Das Witzblatt »Punsch« glossierte die Siuation mit »Isoldens Unpäßlichkeitsarie (sehr sangbarer Text)«:

O vergeh,
Geschwollner Backen,
Reißen im Nacken,
Zahnendes Weh ...

Gebet

Wagner bewohnte in der Brienner Straße ein Haus, über dessen prunkvolle Einrichtung – nicht unbegründete – Gerüchte umgingen. In der Erwiderung auf einen Presseangriff sprach der Meister von einem

»Häuschen«. Darauf brachte der »Punsch« das »Morgengebet eines bescheidenen Mannes«, dessen Zielrichtung jedermann klar war:
»Lieber Gott! Laß mich gesund bleiben, erhalte mir mein Häuschen, mein Gärtchen und die nötigen Mittel und schicke mir dazu noch einige Hunderttausend Gulden ... ich nehme sie auch in kleineren Raten ... Nur zwei oder drei Personen, die ohnehin beim bayrischen Volk nicht die geringste Achtung genießen, wollest Du mit einem kleinen Schlag- oder anderen Anfalle heimsuchen, damit sie mir auf Erden nicht mehr im Wege stehen, sondern eingehen in ein ewiges Leben. Amen.«

Gebot

Nicht ganz unverständlich erscheint die Erregung in München über Wagner. Während seines Aufenthalts vom Mai 1864 bis zum Dezember 1865 verbrauchte er fast ein

Drittel der Revenuen, die dem König zur Verfügung standen. Dazu kamen noch die Zuwendungen an seine Freunde und die Mittel für die »Tristan«-Aufführungen. Ludwig II. zahlte klaglos. Mit Recht konnte der Meister sich rühmen: »Mein Einfluß auf ihn ist grenzenlos.«
Doch nicht genug. Bei einem Besuch in Schloß Berg forderte er vom Monarchen »freie Verfügung über *größere* Geldmittel und Equipage«. Wenig Wunder, daß man ihn – in Anspielung auf die Affäre Lola Montez – alsbald »Lolus« hieß.

Gelöbnis

Im Oktober 1864 erhielt Wagner von Ludwig II. den »Auftrag«, die »Nibelungen« zu vollenden. Wagner forderte und erhielt das exorbitante Honorar von 30000 Gulden. Etwas voreilig versprach er, »daß nie und unter keinen Umständen nun je mehr ein Wunsch für mein persönliches Interesse in

irgendwelcher Form an Allerhöchstdieselben gelangen kann und soll«.
Bald aber waren die guten Vorsätze dahin. Das »Häuschen« in der Briennerstraße ging auf dringende Bitten in sein Eigentum über. Wagner ließ es pompös einrichten und schwor, man werde ihn nur als Leiche wieder hinausbringen.
Irrtum – er verließ München lebend, und zwar sehr bald und bei Nacht und Nebel.

Abendlich strahlt – Tristan, Meistersinger, Ring, Parsifal

Wagner turnt

Bei den Proben zu den Münchner »Tristan«-Aufführungen mit dem Sängerehepaar Schnorr von Carolsfeld geriet Wagner oft vor Entzücken aus dem Häuschen. War eine besonders schwierige Stelle geglückt, sprang er auf und küßte den Sänger ab. Oder er stellte sich auf dem Sofa auf den Kopf, verkroch sich unter den Flügel und machte Luftsprünge. Wußte er sich gar nicht mehr zu fassen, dann rannte er ins Freie und kletterte auf einen Baum.

Sprechverbot

Die wiederholten Verschiebungen der »Tristan«-Uraufführung erregten in München wilde Gerüchte. Die ganze Stadt nahm Anteil. Unter anderem wurde kolportiert, die »Schnörrin«, Wagners Isolde, sei an den Anstrengungen ihrer Partie verblichen. Gelegentlich wurden die Debatten um den

»Zukunftsmusiker« so vehement, daß man Vorsichtsmaßnahmen ergreifen mußte. Ein Gastwirt hängte in seinem Lokal ein Schild auf, auf dem die Gäste ermahnt wurden: »Hier darf nicht über Wagner gesprochen werden.«

Sinn und Sinnlichkeit

Endlich, am 10. Juni 1865, kommt die denkwürdig gewordene »Tristan«-Uraufführung in München zustande. Der Publikumserfolg ist unbestreitbar, aber die Meinungen in der Presse sind geteilt. Der wagnerfeindliche »Volksbote« kommentiert bissig: »Musik ein Tollsinn, Text ein Unsinn, das Ganze ein Wahnsinn, nirgends ein Sinn, aber desto mehr Sinnlichkeit.«
Paul Heyse dichtet auf den »Tristan«:

Versuch's und übertreib's einmal,
Gleich ist die Welt von dir entzückt;
Das Grenzenlose heißt genial,
Wär's auch nur grenzenlos verrückt.

Wiener Schwierigkeiten

77 Proben wurden in Wien für den »Tristan« abgehalten, dann gab man auf. Erst zwanzig Jahre später getraute sich die Hofoper wieder an das Werk. Die Einstudierung stieß nicht nur wegen der Sängerfrage auf große Schwierigkeiten. Auch von seiten der stockkonservativen Direktion des Hauses fand Wagner weder Verständnis noch Unterstützung. Über das Verhältnis des Direktors Salvi zu der revolutionären Partitur witzelten die Orchestermitglieder: »Des is a Oper, wo unser Direktor net amol umblatteln kann.«

Eigener Beckmesser

Zur Finanzierung seiner Bayreuther Festspiele dirigierte Wagner in Berlin den »Tristan«. Das Orchester war ihm meist zu laut. »Ich weiß es wohl«, scherzte er, »es liegt nicht an Ihnen, meine Herren; ich habe es so ungeschickt komponiert, wie ich jetzt höre.«

Wagner streikt

»Rheingold«-Probe in Bayreuth. Die Orchestermusiker beklagen sich über Zugluft im Orchestergraben. Wagner, ungeduldig: »Ich habe die Oper komponiert, und nun soll ich auch noch die Fenster zumachen!«

Grausamer Wagner

Bei einer »Walküre«-Probe in Bayreuth wollte der Sänger des Wotan von Wagner wissen, welche Stellung er beim Auftritt Frickas einzunehmen habe. »Wo Fricka auftritt?« gab der Meister zur Anwort. »Links, der Teufel kommt immer von links.«

Zürcher Mime

Am 22. September 1856 begann Wagner in Zürich mit der Arbeit am »Siegfried«. Dabei kam ihm eine der Hauptplagen seines Lebens zu Hilfe. Gegenüber dem Haus, in dem das Ehepaar Wagner wohnte, befand sich die Werkstatt eines Blechschmieds; von Ruhe zum Arbeiten konnte mithin keine Rede sein. Wagner wollte schon die Komposition abbrechen und ein lärmfreies Domizil suchen. Aber gerade sein Groll auf den Schmied schenkte ihm eine der schönsten Eingebungen, das Motiv zu Siegfrieds Wutausbruch gegen den Stümperschmied Mime. Er spielte seiner Schwester das Polterthema vor, sang wütend den Text dazu, und sie mußten beide derart lachen, daß Wagner, sozusagen aus Dankbarkeit, beschloß, das Getöse der Blechschmiede zunächst weiter zu ertragen.

Rache des großen Mannes

Eduard Hanslick, der berühmte Wiener Musikkritiker und »Wagnertöter«, lieferte dem Komponisten Anregungen für den Charakter des ewig nörgelnden Beckmesser in den »Meistersingern«.

Wagners Groll über die scharfen Attacken des Wiener Rezensenten brachte ihn auf einen Einfall, den Freunde ihm nur mit großer Mühe ausreden konnten:
Er wollte der Figur des Beckmesser den Namen *Hans Lick* geben.

Selbstironie

Als Wagner in Bayreuth zum erstenmal den »Parsifal« probte, zeigte er sich mit einer Szene im zweiten Akt immer wieder unzufrieden. Ein ums andere Mal klopfte er ab. Schließlich riß ihm der Geduldsfaden, und er rief aufgebracht: »Das hab ich nicht geschrieben, das klingt ja scheußlich.« Liszt, der an der Probe teilnahm, hielt ihm die Partitur hin: tatsächlich, es war doch so komponiert. Wagner gewann seinen Humor wieder und entschuldigte sich beim Orchester: »Kinder, nehmt es mir nicht übel! Ich hab's zwar so geschrieben, aber scheußlich klingt's trotzdem.«

Wagner undeutsch

Niemand kritisierte den »Parsifal« schärfer als der einstige Wagnerianer Nietzsche. Böse dichtete er auf das Bühnenweihfestspiel:

Dies Nonnen-Äugeln,
Ave-Glocken-Bimmeln,
Dies ganze falsch verzückte
Himmel-Überhimmeln
– Ist das noch deutsch? –
Erwägt! Noch steht ihr an der Pforte:
Denn was ihr hört, ist Rom –,
Roms Glaube ohne Worte!

Hosianna
und Harmonien in dis

Geistesgegenwart

Paris nahm Wagner – ähnlich wie Mozart – keineswegs mit offenen Armen auf, als er 1839 zum erstenmal dort sein Glück versuchte. Bald mußte er in ein ungastliches Hotel garni ziehen, das schlecht geheizt war, und obendrein plagten ihn Zahnschmerzen. Trotz alledem blieb er guter Dinge, was eine amüsante Begegnung mit Berlioz anschaulich zeigt.

Der Meister besuchte seinen jungen deutschen Kollegen. Als er ins Zimmer trat, benützte Wagner eben den Berlioz'schen »Traité de l'instrumentation«, allerdings nur als Armstütze beim Schreiben. Charmant begrüßte er den eintretenden Berlioz und wies zugleich mit einer bescheidenen Geste auf den »Traité«. Voller Rührung umarmte Berlioz seinen gelehrigen Schüler.

Schlagfertigkeit

Wagner, der Deutschland 1848 hatte verlassen müssen, hörte seinen »Lohengrin« erst

1861 in Wien. In jenem Jahr schrieb er an Berlioz: »Es langweilt mich nachgerade, der einzige Deutsche zu sein, der meine Opern noch nicht gehört hat.« Berlioz erwiderte diesen selbstbewußten Satz mit der Antwort des Leidgeprüften, der es mindestens so schwer wie Wagner hatte, seine Opern durchzusetzen. »Mein Los«, konstatierte er trocken, »ist noch viel beklagenswerter als das des Herrn Richard Wagner; ich bin nämlich der einzige Franzose, der meine Oper (›Die Trojaner‹) kennt.«

Der Zyniker

Nach seiner Flucht aus Sachsen, 1849, begab Wagner sich über die Schweiz nach Frankreich. In Paris traf er zufällig mit Meyerbeer zusammen. Der berühmte Opernmeister betrachtete den Jüngeren mit einigem Mißtrauen. Er nahm an, daß Wagner nun in Paris sein Glück machen wolle. Wagner aber war von der Reaktion, die auch in Paris die

Oberhand gewonnen hatte, derart angewidert, daß ihm gar nicht nach künstlerischer Produktion zumute war.
Meyerbeer erwähnte einen günstigen Artikel, den Franz Liszt eben im »Journal des Débats« veröffentlicht hatte, und meinte, solche Fürsprache müsse doch nützen. Erregt verwies Wagner auf die politischen Zustände. Da antwortete ihm der weltkundige Meyerbeer gelassen: »Was verhoffen Sie sich denn von der Revolution? Wollen Sie etwa Partituren für die Barrikaden schreiben?«

Huldigung auf allen vieren

Als Liszt wieder einmal zu Besuch kam und am Flügel seine Kunst zeigte, sprang Wagner vor Begeisterung auf und streichelte den großen Könner.
Nach dem folgenden Stück geriet er ganz aus dem Häuschen. Wie ein Hündchen kroch er zum Klavier und sagte demütig:

»Franz, zu dir darf man nur auf allen vieren kommen!«

Liebesduett

Robert Schumann war für seine Wortkargheit bekannt. 1846 fragte Hanslick ihn, »ob er mit Wagner verkehre«. Schumann: »Für mich ist Wagner unmöglich; er ist gewiß ein geistreicher Mensch, aber er redet in einem fort. Man kann doch nicht immer reden.« Später brachte der Kritiker bei Wagner die Sprache auf Schumann. Wagner meinte: »Mit Schumann kann man nicht verkehren. Er ist zweifellos ein hochbegaber Musiker. Als ich von Paris zurückkam, besuchte ich ihn, erzählte ihm von meinen Erlebnissen, von den Pariser Musikverhältnissen, von Literatur und Politik – aber er blieb stumm. Er ist ein unmöglicher Mensch; man kann doch nicht immer allein reden.«

Empfehlung nach Bayern

Grillparzer war Wagner wohl nicht sehr grün. Zu Wagners Ankunft in München 1864 sandte er aus Wien folgendes Willkommenspoem:

Die Agnes Bernauer,
Eine Baderstochter,
Warfen die Bayern in die Donau,
Weil sie ihren Fürsten bezaubert.
Ein neuer Salbader
Bezaubert Euern König:
Werft ihn, ein zürnender Landsturm,
Nicht in die Isar,
sondern in den Schuldturm!

Windig

Franz Lachner, der sich in München sehr für Wagners Bühnenwerke einsetzte, war gleichwohl kein Wagnerianer. Er befürchtete wohl auch, daß Wagner ihn aus seiner Stellung als Münchner Generalmusikdirektor verdrängen könnte. Als Lachner den »Holländer« einstudierte, raunzte er einmal: »Wo man die Partitur aufschlägt, weht einem der Wind entgegen.«

Unmaß

1875 breitete sich auch in Wien der Wagner-Taumel aus. Wilhelm Kienzl, Komponist des »Evangelimann« und großer Wagner-Verehrer, berichtet von der Begeisterung. »Von dem Enthusiasmus«, schrieb er, »kann man sich kaum eine Vorstellung machen, nahm er doch die Erscheinungen des Tollhauses an.«

Bruckner betet

1882 wird in Bayreuth zum erstenmal das Bühnenweihfestspiel »Parsifal« gegeben. Treffend beschreibt Wagner die Atmosphäre bei den sechzehn Aufführungen: »Weihe ergoß sich, ohne irgendeine Weisung, frei über alles.«

Auch Bruckner ist nach Bayreuth gekommen, wo er oft im Hause Wahnfried zu Besuch weilt. Wagner fragt ihn nach seiner Meinung vom »Parsifal«. Bruckners verzückte Schilderung:
»Weil mich Hochderselbe bei der Hand hielt, ließ ich mich auf die Knie nieder, seine Hand an den Mund nehmend und küssend, und sagte: ›O Meister, ich bete Sie an!‹«
Von dem Erguß etwas peinlich berührt, verabschiedete ihn Wagner rasch und beschwichtigend: »Nur ruhig, Bruckner, gute Nacht!«

Schreckliche Musik

Zu den Wagner-Anhängern unter den Komponisten zählte überraschenderweise auch Puccini. Als ihn ein Freund besuchte, saß der Schöpfer der »Butterfly« am Klavier und erging sich im »Tristan«, aus dem er oft stundenlang spielte. Puccini schlug den Band zu und meinte resigniert: »Sind wir alle nach diesem da nicht nur noch eine Bande von Mandolinenklimpererern und Dilettanten? Diese schreckliche Musik drückt uns alle zu einem Nichts herab.«

Neue alte Freunde

Gegen Ende von Wagners Leben bekehrte sich so mancher seiner Gegner. Inzwischen hatte der »Ring des Nibelungen« seinen Siegeszug durch ganz Europa angetreten. Einer der schärfsten Kritiker, der schon 1861 in Paris, bei den verunglückten »Tannhäuser«-Aufführungen, und 1876 nach dem ersten Bayreuther Fiasko eine höchst schädliche Rolle gespielt hatte, meldete sich 1882 bei der Bayreuther Festspieldirektion. Der Bekehrte forderte einen Freiplatz – »als Anhänger Wagners«.

Erprobt und geprüft – Freunde, Gönner, Interpreten

Der Sängerkrieg in Magdeburg

1834–1836 war Wagner Musikdirektor der Bethmannschen Truppe in Magdeburg. Die Gleichgültigkeit des Magdeburger Publikums führte schließlich dazu, daß das Unternehmen sich auflösen mußte. Wagner hatte inzwischen sein »Liebesverbot« beendet, das zum Abschluß der Saison in zwei Vorstellungen gegeben werden sollte. Die Uraufführung war jedoch so überstürzt vorbereitet worden, daß dem Publikum, wie Wagner beklagt, nicht einmal die Handlung aufging. Der Beifall hielt sich denn auch in Grenzen.

Der junge Komponist setzte nun seine finanziellen Hoffnungen auf die einzige Reprise. Indes, es sollte nicht mehr dazu kommen. Die erste Sängerin hatte eine Affäre mit dem zweiten Tenor angefangen, und der eifersüchtige Gatte fiel den Liebhaber im Theater an. Das »Liebesverbot« dürfte eine der wenigen Opern sein, die zunächst nur anderthalb Mal gegeben wurden. Wagners erste Tätigkeit an einem deutschen Theater endete mit dieser Komödiantenrauferei.

Leipziger Allerlei

In Leipzig lebten Liszt, Bülow und Wagner in einer gemeinsamen Wohnung. Das mußte zu Schwierigkeiten führen. Als es im Herbst plötzlich kalt wurde, wollte Wagner geheizt haben. Bülow, der »Kassenwart« des Trios, war dagegen. Es entspann sich ein Wortwechsel, und schließlich riet er Wagner, sich bei einem Spaziergang warmzulaufen. Bülow und Liszt verließen verdrossen das gemeinsame Quartier.

Als sie nach einigen Stunden zurückkamen, erwartete sie eine Überraschung: Wagner saß in der überheizten Stube und komponierte. Bevor Bülow noch eine Frage stellen konnte, sah er schon, woher Wagner sein Heizmaterial bezogen hatte: Er hatte Stühle und Tische zerlegt. Seelenruhig erklärte er dem aufgebrachten Bülow: »Ich habe, was ich brauche – Brennholz wäre allerdings billiger gewesen.«

Französische Revolution

Im September 1859 reiste Wagner wieder nach Paris. In der rue Newton mietete er sich ein Häuschen. Zweck seines Aufenthaltes waren unter anderem Konzerte mit dem Orchester der italienischen Oper. Nun waren die Musiker schwierige Leute, die starr an ihren alten Gewohnheiten festhielten. Vor allem wollten sie sich nicht damit abfinden, wie Wagner den Sechsachteltakt schlug. Es kam zu scharfen Äußerungen des Dirigenten, und die erste Probe endete in einem Tumult. Die Orchestermitglieder waren so erzürnt, daß sie Wagner erklärten, sie seien schließlich freie Männer – und keine preußischen Soldaten.

Wahn, Wahn, . . .

Mit seiner »Clique« hatte Wagner in München viel Ärger. So zog er Ludwig Nohl, der in Heidelberg als Privatdozent ein kümmerliches Leben fristete, in die bayerische Hauptstadt. Auf Wagners Vermittlung verhalf Ludwig II. Nohl zu einer Professur und lud ihn zu Privatvorträgen über »musikalische Ästhetik« ein. Alsbald legte der übereifrige Nohl dem König eine Denkschrift vor, in der er Ludwig II. einzureden versuchte, er brauche keinerlei Studien »in extenso« zu treiben, es sei ja jegliche Wissenschaft in der Musik enthalten.

Nohl hatte es sich doch zu leicht gemacht. Der König reagierte als vernünftiger Mensch. »Dieser Nohl ist ein Narr und darf mir nicht mehr über die Schwelle.« Auf der Stelle mußte der gescheiterte Präzeptor aus München entweichen.

Ärztlicher Ratschlag

Heinrich Esser, den Wagner seinen »guten, redlichen Kapellmeister« nannte, ließ sich vom »Tristan« nicht überzeugen. Als Wagner bei einer Probe in der Wiener Oper zum erstenmal Vorspiel und einzelne Szenen aus seiner neuen Oper dirigierte, bemerkte der Kapellmeister: »Es ist eine Musik, die für nervöse Menschen geradezu gesundheitsschädlich ist.«

Herzogliche Freiheiten

Mit Freund Weißheimer besuchte Wagner den herzoglichen Schloßpark Biebrich. Die Schildwache verlangte, daß Weißheimer seine brennende Zigarre lösche – Rauchverbot im Park. Widerstrebend folgte Weißheimer der Anordnung. Auf Wagners Geheiß zündete er jedoch die Zigarre bald wieder an. Es kam ihnen nämlich ein Offizier entgegen, der entgegen dem herzoglichen

Geheiß rauchte. Und das ging Wagner über die Hutschnur. Der qualmende Offizier musterte die beiden Zivilisten von Kopf bis Fuß, hielt dann seine Zigarre nach der anderen Seite und spazierte wortlos weiter. Erst jetzt erkannten Wagner und Weißheimer, wer der Übeltäter gewesen war – der Herzog!

Wiener Frechheiten

Nicht alle Mitglieder des Wiener Hofopernorchesters waren Wagnerianer. Wilhelm Krankenhagen, zu jener Zeit erster Fagottist, versah die Fagottstimme zur »Götterdämmerung« mit dem rebellischen Kommentar:

»Der Zukunft Musik dereinst oben
Wird hoffentlich anders sein,
Sonst möcht ich nach hiesigen
Proben
Nicht in den Himmel hinein!«

Und den »Parsifal« kommentierte er mit dem Vers:

»Zwei Knaben gingen nach Bayreuth
Der eine war dumm,
 der andere g'scheit;
Und als der ›Parsifal‹ war um,
Da war der G'scheite
 auch schon dumm.«

Goldene Worte

1875 leitete Wagner wieder »Bayreuther Konzerte« in Wien, die seinem Festspielfond aufhelfen sollten. Zum Programm gehörten Szenen aus der »Götterdämmerung«. Zur gleichen Zeit probte man an der Hofoper Karl Goldmarks »Königin von Saba«. Die Sopranistin Amalie Materna, die in Wagners Konzerten mitwirkte, studierte nebenher an der Oper die Hauptrolle der Goldmark-Oper ein und war dadurch natürlich sehr beansprucht.
Als die Materna während einer Probe Wag-

ners offensichtlich die Stimme schonte, winkte der Meister ab. Er ermahnte sie: »Bitte nicht markieren! Goldmarkieren Sie in der Oper!«

Hocherfreut

Friedrich Nietzsche war ein glänzender Klavierspieler. In den frühen Bayreuther Jahren – er hatte mit Wagner noch nicht gebrochen – kam er oft nach Wahnfried zu Besuch und gab dabei auch Proben seines musikalischen Talents. Besonders von seiner Improvisationskunst waren alle entzückt. Neidlos erkannte Wagner eines Abends an: »Nein, Nietzsche, Sie spielen zu gut für einen Professor!«

Tief verstimmt

Doch schon 1876 erhielt die Freundschaft zwischen Wagner und Nietzsche in Bayreuth ihren ersten Stoß. Wagner war auf

Brahms, das unfreiwillige Oberhaupt der Anti-Wagner-Partei, höchst schlecht zu sprechen. Obendrein war auch Bülow »desertiert« – er dirigierte Werke des Rivalen. Als Nietzsche in Wahnfried Brahms' »Triumphlied« auf den Flügel legte, platzte Wagner der Kragen. Mit herrischer Geste warf er die Noten auf den Boden. Nietzsche hatte Wahnfried entweiht.

Unmut

Als Wagner in Berlin dirigierte, versammelte er am Abend gern einen Kreis guter Freunde um sich. Der Wagner-Biograph Tappert erzählt, wie einmal die Runde gestört wurde. Ein Diener brachte eine Visitenkarte, Wagner aber wollte den Besucher nicht sehen. »Er hat sich schlecht benommen gegen Hans (von Bülow)«, sagte er und gebot dem Diener: »Melden Sie, ich wäre krank, todkrank – ich sei gestorben, plötzlich gestorben!«

Volkes Stimme

Am 13. Februar 1883 starb Wagner in Venedig. Am Abend fand man vor dem Palazzo Vendramin den Gondoliere, mit dem der Verstorbene meistens gefahren war. Er lag auf den Stufen und weinte bitterlich. »Er war ein so guter Herr!« klagte er, »einen so guten finde ich nicht wieder!«

Rheines Töchter

Als Bruno Walter in Wien das »Rheingold« dirigierte, bestand Felix Weingartner, der die Inszenierung besorgte, auf sieben Rheintöchtern.

Perplex wandte Walter ein: »Aber Wagner hat doch nur drei Gesangsstimmen geschrieben.«

Weingartner blieb ungerührt. »Dann werden eben drei singen und die übrigen vier schwimmen!«

»Herr Direktor«, gab Bruno Walter liebenswürdig zu bedenken, »die Wiener Hofoper ist doch eine Bühne und kein Aquarium ...«

Reiner Hohn

Hans Knappertsbusch war für seinen Sarkasmus berühmt und gefürchtet. In der Wiener Oper begegnete er einem jüngeren, sehr ehrgeizigen Kollegen, der »Kna« fragte: »Haben Sie gestern meinen ›Tristan‹ gehört?«
Knappertsbusch ließ sich die Gelegenheit nicht entgehen. »Wußte gar nicht«, raunzte er, »daß Sie auch einen geschrieben haben.«

Freunde, zwei- und vierfüßig

Im Schließfach

Ein reizendes Beispiel für die Tierliebe, die schon den kleinen Richard auszeichnete, gibt folgende Episode.
Eines Tages erfüllte ein übler Geruch die Wohnung. Man suchte nach dem Ursprung, und schließlich blieb der Verdacht am Schreibtisch Richards hängen. Als die Mutter das Mittelfach öffnete, schauten ihr – Kaninchen entgegen.
»Ach Gott«, versuchte sich der kleine Übeltäter hinauszureden, »sie wären ja sonst verkommen.«

Wagners Vogel

Im Sommer 1850 ließen sich Wagners in Enge bei Zürich nieder, in einem »Abendstern« benannten Haus. Die gereizte häusliche Atmosphäre wurde durch den Hund »Peps« und den Papagei »Papo« etwas freundlicher. Hielt Wagner sich zu lange in seinem Studierzimmer auf und blieben die »Richard«-Rufe des Vogels vergebens, so kam er hereingeflattert und brachte den Schreibtisch in Unordnung. Der Papagei war, wie Wagner berichtete, »so wohlerzogen, daß er nie einen tierischen Vogellaut von sich gab«. Stets sprach oder sang er, und dann nur Favoriten des Meisters: das Marschthema des Schlußsatzes der Fünften, den Anfang der Achten von Beethoven, vor allem aber ein festliches Thema aus der »Rienzi«-Ouverture. Der Vogel kannte seinen Herrn.

Kehrseite der Tierliebe

Ein großer Tierfreund, ließ Wagner in seinem Schweizer Heim eine Zeitlang nur vegetarische Kost zu. Die Komposition des »Parsifal« aber schien seine Kräfte besonders in Anspruch zu nehmen. Schließlich hatte der Meister genug von Salaten und Gemüse. »Mit dieser gottverdammten Grasfresserei«, rief er erbost, »kommt man zu keinem vernünftigen Gedanken mehr.« Von Stund an war die vegetarische Ära zu Ende.

Herr und Hund

Wagners Hund »Ruß« war dem Meister nicht nur ein treuer Gefährte, er brachte ihn auch in manch knifflige Lage. Einmal begegnete Wagner auf einem Spaziergang zwei Strolchen, die ihn anfielen. Wie »Ruß« sich als Leibwächter bewährte, schilderte sein Herr folgendermaßen:

»Statt die Angreifer niederzuwerfen, hielt er mich beim Mantelkragen fest, damit mich niemand wegnehme, und so war ich erst recht in der Klemme.«

Trotzdem hielt Wagner das Andenken an den treuen »Ruß« in Ehren. Er ließ ihn, wie später sich selbst, im Garten der Villa Wahnfried begraben.

Finanzpolitik

Saures Omen

Im Grunde waren Wagners Finanzen zeit seines Lebens in einer prekären Lage. 1846, in Dresden, sah es besonders schwarz aus. Wagner hatte sich mit dem Hofmusikalienhändler Meser zusammengetan, um seine Schöpfungen herauszubringen. Meser fungierte als Kommissionär und Scheinverleger. Als der Absatz der Wagnerschen Werke zu wünschen übrig ließ, bekam Meser kalte Füße. Er lud den jungen Komponisten zu einer Lagebesprechung ausgerechnet in das Weinlokal »Zum Verderber« ein. Meser war düsterster Stimmung, und Wagner versuchte, ihn mit Alkohol aufzuheitern. Er bestellte einen teuren Haut-Sauterne. Der Wein wurde serviert, Wagner schenkte die Gläser voll. Sie prosteten einander zu – und schrien, wie Wagner berichtet, »plötzlich wie wahnsinnig auf«. Man hatte ihnen statt Wein Essig vorgesetzt.

»Herr Gott«, rief Wagners Kompagnon,

»das konnte nicht schlimmer kommen!« Wagner sah in dem Vorfall zwar ein Omen, verlor aber seinen Humor nicht. Sarkastisch bemerkte er: »Allerdings, ich glaube, es wird uns manches zu Essig werden.«
Er sollte recht behalten.

Milchrechnung

Als Wagner kgl. sächsischer Kapellmeister wurde, meldete sich eine stattliche Schar von Gläubigern, die ihn nach seinem Entweichen aus Riga verschollen geglaubt hatten. Es hagelte Mahnungen und Prozeßdrohungen. Auch aus Königsberg, ja aus allen Himmelsrichtungen brachte man sich höchst unangenehm in Erinnerung. Wagner geriet schließlich in solche Verzweiflung, daß er ausrief, er wäre nicht überrascht, wenn seine Amme ihm eine Rechnung präsentierte.

Abfuhr

Immer wieder lernte Wagner Menschen kennen, die ihm aus finanzieller Bedrängnis halfen. Einer dieser rettenden Engel war der Bankier Emil Erlanger. Er erbot sich, Wagners Finanzen zu verwalten, und griff ihm aus Liebe zu seiner Musik mit nicht unerheblichen Mitteln unter die Arme. Dem hilfsbereiten Erlanger stellte Wagner das Zeugnis eines »zu jeder Zeit treu ergebenen Menschen« aus. Dabei hatte er zunächst von Erlanger gar nichts wissen wollen. Als ein Bekannter ihm sagte, der Bankier wünsche seine Bekanntschaft zu machen, knurrte Wagner nur, er habe von einem Bankier nichts nötiger als sein Geld.

Hausvater Wagner

Wenn der Meister auf Reisen war, ließ er sich von der Haushälterin regelmäßig Abrechnungen schicken, obwohl er durchaus kein knauseriger Dienstherr war. Sein getreues Faktotum Vreneli erinnert sich: »Als ich einst um Neujahr fragte, ob er wohl raten könne, wie hoch sich die Ausgaben des ganzen Jahres beliefen, antwortete er: ›Ja, das weiß ich ganz genau, die Ausgaben sind immer den Einnahmen gleich!‹«

Fehlinvestition

Die Ehe mit Minna Planer war für beide Teile nicht eben ein Idyll. Offenbar neigten die Gatten auch in ihrem Briefwechsel zu einem Ton, der besser nicht an die Öffentlichkeit kam.
1871 bot ein Händler in Straßburg Wagner ein Bündel eigener Briefe an. Er ließ Wagner keinen Einblick nehmen, sagte aber bedeutungsvoll, daß sich auch Briefe von Frau Minna darunter befänden.
Wagner zahlte schleunigst die geforderten 300 Taler. Das geheimnisvolle Paket aber enthielt durchaus nichts Kompromittieren-

des, sondern – geschäftliche Korrespondenzen.

Hilfswerk Bayreuth

Die ersten Bayreuther Festspiele fanden im August 1876 statt. Sie waren nur möglich geworden, weil Wagner wieder einmal das Schicksal in Gestalt Ludwigs II. gnädig gewesen war. Nach der Hebefeier des Festspielhauses war die Kasse nämlich völlig leer gewesen. Wagner erließ einen Aufruf an die Deutschen – ergebnislos. Blieb also nur ein Hilferuf nach München. Und wie so oft, der König rettete die Situation. »Nein, nein und wieder nein!« telegrafierte er. »So soll es nicht enden! Es muß da geholfen werden!« Diesmal griff er Wagner mit 100 000 Talern unter die Arme, einem vollen Jahresüberschuß der königlichen Zivilliste. Abermals war Wagner ein Stückchen weiter.

Die hl. Cosima

Cosima kassiert

1865 – Wagner lebt in einer Prunkvilla in München, die er Ludwig II. verdankt. Die finanzielle Lage ist trotzdem prekär. Wen um Abhilfe bitten? Natürlich den königlichen Freund. 40000 für diesmal (als Abschlagszahlung auf 200000 Gulden). Die enorme Summe wird bewilligt, aber Wagner geniert sich, das Inkasso selbst vorzunehmen. Da erbietet sich Frau von Bülow, den Vorschuß bei der Kgl. Kabinettskasse abzuholen.
Schon geht in München der Neid auf Wagner um. Die Beamten der Kabinettskassa beschließen, Wagners Botin einen Streich zu spielen. Sie erklären Frau von Bülow bedauernd, nicht genug Banknoten vorrätig zu haben; die Hälfte der Summe müsse sie in Silbergeld mitnehmen. Schadenfroh grinsen die Finanzbeamten, während die Säcke mit den Münzen auf Schubkarren hereingefahren werden.
Aber wenn es um Geld geht, steht Frau Co-

sima immer ihren Mann. Kurz entschlossen läßt sie zwei Droschken holen, und als die feixenden Staatsdiener noch immer keinen Finger rühren, legt sie persönlich mit Hand an, um das königliche Geschenk dem geliebten »Freunde« alsbald sicher zu überbringen.

Es sollte sich als ein Danaergeschenk erweisen.

Cosima heiliggesprochen

Heftig befehdet, hatte Wagner 1865 in München das Feld räumen müssen. Aber schon im nächsten Jahr gingen Gerüchte um, es drohe die Rückkehr des Meisters, die starke Erregung auslösten. Der »Punsch« brachte im Juni ein »Programm zu einer zukunftsmusikalischen Prozession«.

In dieser zogen mit:

die große Dresdner Feuerfahne von 1848;

zwölf weißgekleidete Mädchen aus dem Venusberg mit Körben, die sie aber nicht hergeben;

eine Herde Schweinehunde, zu Paaren getrieben von Dr. Hans von Bülow; ein langjähriger Freund Richard Wagners, dessen Porträt tragend, mit der Unterschrift: Wenn das nicht 1000 fl. wert ist!
zwanzig Wechselgläubiger mit brennenden Kerzen;
die Kabinettskassa und unmittelbar dahinter – die heilige Cosima mit dem Hauptschlüssel.

Cosima religiös

Daß Ludwig II. Wagner lange Zeit gewogen blieb, ist nicht zuletzt der emsigen Briefschreiberin Cosima von Bülow zu danken. Sie waltete nicht nur als des Meisters getreue Sekretärin, sondern hielt auch mit geschickten Briefen den König immer wieder bei der Stange.
Als Ludwig II. nach Triebschen seine Absicht, abzudanken und an Wagners Seite zu eilen, mitteilte, wurde die »Sekretärin«

nervös. Das hätte so gar nicht ihren Wünschen entsprochen. Sie sandte dem Monarchen einen stärkenden Zuspruch. »Ich bete zu Gott«, schrieb sie, »daß er Sie erhebe und tröste, daß er Ihnen seinen Engel sende, wie er dem Erlöser auf dem Ölberg erschien.« Cosimas christliche Worte wirkten. Der König dankte nicht ab.

Cosima weiß Rat

Am 10. April 1865 brachte Frau Cosima, damals noch Frau von Bülow, Wagners erstes Kind, die Tochter Isolde, zur Welt. Leider durfte sich der stolze Vater nicht zu seinem Kind bekennen. Um aber nicht ganz leer auszugehen, ließ er sich ins Taufregister wenigstens als Pate seiner Tochter eintragen.

Cosima durchschaut

Wie Ludwig II. in Wahrheit über Frau Cosima dachte, zeigt eine Bemerkung gegenüber

»Sissi«, der Kaiserin Elisabeth von Österreich: »Sie kann mir heimgeigen mit ihrem ganzen Esprit, es ist kein echter Ton in ihr, Kuhglocken sind mir lieber.«

Cosima duldet

Pauline Strauss, die Frau Richard Strauss', beklagte sich in Bayreuth, als sie Cosima Wagner besuchte, über die »Bürgerlichkeit« ihres Ehegatten.
Cosima, die nach Wagners Tod einen wahren Kult um den Verblichenen entfesselte, schien an weniger idyllische Augenblicke ihres Ehelebens mit dem Meister zurückzudenken. Mit einem Seufzer tröstete die Vielgeprüfte die junge Frau Strauss: »Seien Sie froh!«

Vom Wahn zur Weihe – Bayreuth

Vox populi

Im Frühjahr 1871 besuchte Wagner mit Cosima seine künftige Festspielstadt auf der Suche nach einer Stätte für ein eigenes Theater. Eine leichte Erkältung zwang den Meister, sich ins Bett zu legen. Als der von Frau Cosima bestellte Arzt ins Zimmer trat, begrüßte er den Patienten mit der erstaunlichen Frage: »Sind Sie der Richard Wagner, ich meine, der gewisse Wagner?«
Der Meister fühlte sich zwar matt, hatte aber seine Schlagfertigkeit nicht eingebüßt. »Sie meinen«, entgegnete er spöttisch, »der die hübschen Sachen geschrieben hat? Ja, der bin ich.«

Wagner küßt

Zur Feier der Grundsteinlegung des Festspielhauses wurde Beethovens Neunte Symphonie aufgeführt. Wagner lud mehrere Wiener Philharmoniker ein, in seinem Orchester mitzuwirken – die Idee des Bayreuther Festspielorchesters war geboren. Als die Wiener Musiker eintrafen und der Meister den Bratschisten Alfred Bachrich erblickte, gab er ihm voll Freude einen herzhaften Kuß. Nach Wien zurückgekehrt, erzählte Bachrich einer jungen Wagner-Schwärmerin von dieser Auszeichnung. Verzückten Angesichts sagte sie: »Ach, wie ich Sie um diesen Kuß beneide.« Der Philharmoniker zeigte sich generös. »Frau Gräfin, ich habe diesen Kuß als Partitur erhalten; Sie können von mir jederzeit einen Klavierauszug davon bekommen.«

Wagners Bekehrung

Das gewaltige Defizit der Bayreuther Festspiele 1876 entmutigte den Meister tief. Waren die »Nibelungen« nicht das Richtige gewesen? Warum hatte der Andrang zu den späteren Zyklen so stark nachgelassen? Elisabeth Förster-Nietzsche, deren Zuverlässigkeit der Überlieferung allerdings umstrit-

ten ist, berichtet von einem Ausspruch des desperaten Wagner. »Die Deutschen wollen jetzt nichts von heidnischen Göttern und Helden hören, die wollen was Christliches sehen.«
Bald schon konnte er ihnen »was Christliches« bieten – den »Parsifal«.

Der gute Mensch von Bayreuth

Unermüdlich schien Wagners heiliger Eifer bei den Bayreuther »Parsifal«-Proben 1882. Mit tiefem Ernst widmete er sich der Inszenierung des »Bühnenweihfestspiels«, und das geringste Anzeichen von Heiterkeit brachte ihn in Rage. Als während der Gralsszene ein Chormitglied ein Lächeln riskierte, geriet der Meister außer sich. »Sie verlassen sofort die Bühne«, zürnte er. »Ein Mensch, der jetzt lachen kann, ist kein guter Mensch und hat hier nichts zu suchen.«

Der Wissende

Felix Mottl, der berühmte Wagnerdirigent, fungierte in Bayreuth zunächst als Korrepetitor. Die Todverkündigungsszene in der »Walküre« ergriff ihn mit solcher Macht, daß er erschüttert und reglos auf der Bühne stehen blieb.
Zuviel Weihe wünschte Wagner bei seinen Gehilfen nicht. »Was sind das für Sentimentalitäten?«, bemerkte er trocken. »Die Rührung überlassen wir denen da draußen; wir hier oben wissen, wie das gemacht wird!«

Falscher Prophet

Schließlich wurden die Bayreuther Festspiele doch ein großer und dauernder Erfolg, ein bedeutendes Element im europäischen Musikleben. Wagners Ruhm verbreitete sich immer mehr. Absurd klang nun jene Grabinschrift, die der Meister in trüben Tagen für sich selbst entworfen hatte:

Hier liegt Wagner, der nichts
geworden,
Nicht einmal Ritter vom lumpigsten
Orden;
Nicht einen Hund hinterm Ofen
entlockt' er,
Universitäten nicht mal 'nen Doktor.

Biographische Daten über Richard Wagner

1813, 22.5.	Richard Wagner in Leipzig geboren
1822–30	Besuch der Dresdner Kreuzschule, des Nicolai-Gymnasiums und der Thomasschule in Leipzig
1831	Eintritt in die Universität Leipzig
1834, 1.1.	Komposition der »Feen« vollendet
1834–36	Musikdirektor in Magdeburg
1836, 29.3.	Uraufführung des »Liebesverbots« in Magdeburg
24.11.	Hochzeit mit Minna Planer
1837–39	Musikdirektor in Riga
1839	Flucht aus Riga. Reise nach London und Paris
1840–42	Erster Aufenthalt in Paris
1842	Rückkehr nach Deutschland
20.10.	Uraufführung des »Rienzi« in Dresden
1843, 2.1.	Uraufführung des »Fliegenden Holländers« in Dresden

2.2.	Kgl. sächsischer Kapellmeister
1845, 19.10	Uraufführung des »Tannhäusers« in Dresden
1849, 9.5.	Flucht aus Dresden, Wagner verläßt Deutschland
1850, 28.8.	Uraufführung des »Lohengrin« in Weimar
1860	Wagner zum erstenmal wieder in Deutschland
1861, 13.3.	Skandal um die Pariser »Tannhäuser«-Erstaufführung
1862	Rückkehr nach Deutschland
1863	Aufenthalt in Wien, Konzertreisen nach Rußland
1864	Ludwig II. holt Wagner nach München
1865, 10.6	Uraufführung des »Tristan« in München
10.12.	Wagner verläßt München
1866, 25.1.	Minna Wagner stirbt
1866–72	Wagner in Triebschen
1868, 21.6.	Uraufführung der »Meistersinger« in München
1869, 6.6.	Siegfried Wagner geboren

22.9.	Uraufführung des »Rheingold« in München
1870, 26.6.	Uraufführung der »Walküre« in München
25.8.	Hochzeit mit Cosima von Bülow
1872, 22.4.	Übersiedlung nach Bayreuth
22.5.	Grundsteinlegung zum Festspielhaus
1874, 28.4.	Haus Wahnfried wird bezogen
1876	Erste Bayreuther Festspiele
16.8.	Uraufführung des »Siegfried« in Bayreuth
17.8.	Uraufführung der »Götterdämmerung« in Bayreuth
1882, 26.6.	Uraufführung des »Parsifal« in Bayreuth
1883, 13.2.	Wagner stirbt in Venedig